정음시조

수상자 김양희 시인

정음시조문학상 운영위원회

정음시조문학상을 제정하며

훈민정음 창제로 말미암아 비로소 우리글을 통해 표기되기 시작한 시조는 당대의 호흡과 정서, 사상과 감정을 담기에 가장 적절한 시의 한 갈래가 되어 오늘에 이르렀고, 현재 많은 시인이 창작 활동에 매진하고 있다. 이에 '정음'의 정신을 받들어 〈정음시조문학상〉을 제정하여 운영한다. 엄정한 심사 과정을 거쳐 우수한 작품을 발굴, 시상함으로써 신진시인들의 창작 의지를 북돋우고, 이를 통해 현대시조의 질적 향상과 저변 확대에 기여하고자 하는 데 그 목적과 취지가 있다.

시조를 쓰는 이들에게 더 많은 격려와 상찬이 있어야 한다고 확신한다. 그만큼 시조는 정신의 위의를 세우고 삶을 기름지게 하기에 모자람이 없는 현재진행형 장르이기 때문이다. 앞서 밝혔듯이 정음시조문학상 운영위원회에서 제정한 〈정음시조문학상〉은 기존의 문학상과는 확연히 다른 조건과 취지 그리고 목적을 가지고 있다. 즉 등단 15년 미만의 시인들이 한 해 동안 발표한 신작들로만 그 대상으로 하고 있다는 점이다.

그동안 편집위원들의 수고를 거쳐서 후보로 올라온 작품들을 상임운영위원의 추천을 받은 소수의 본심 심사위원이 블라인드 심사를 통해 수상자가 결정되었다. 전제조건으로 최소한 한 시인이 5편 이상 신작을 발표해야 하고, 그 작품이 균질성을 가질 때 예심 대상이 될 수 있었다. 여기에는 '또 다른 목소리의 출현'에 대한 열망의 뜻과 가멸찬 담금질로 사물과 삶의 본질을 추구하고, 언어의 창조적 비밀에까지 이르고자 하는 창작 분위기가 조성되

었으면 하는 간절한 바람도 들어 있다.

그런 만큼 편집위원들이 지난 1년 동안 여러 문예지에 발표한 신작들을 저인망으로 바다 밑바닥을 샅샅이 훑듯 후보 작품들을 찾았다. 실로 방대한 작업이었다. 해당 시인의 수는 300명이 넘었고, 해당 작품이 수천 편이었다. 5편 이상 발표한 시인들은 120여명이었고, 이들을 대상으로 여러 날 동안 면밀한 내부 심의를 거친 끝에 1차로 36명 180편을 선정했다. 다시 블라인드 상태에서 편집위원들의 개별 독해 후 최종 본심에 9명 45편을 올렸다.

〈정음시조문학상〉은 우리나라 시조문학상 중에 그 과정과 절차로 볼 때 전무후무한 상이다. 등단 15년 미만이라는 전제조건에는 하한선이 없다. 일단 등단 과정을 거쳤으면 등단년도에 선입견을 두지 않는다. 오로지 누가 한 해 동안 가장 뛰어난 작품을 발표했는가에 초점이 맞춰져 있다.

제1회 수상자로 김양희 시인이 선정되었다. 수상작품의 진가는 본심 심사위원의 심사평을 통해 알 수 있다. 영예의 수상자에게 정음시조문학상 운영위원회의 이름으로 크게 축하드린다. 또한 좋은 작품으로 뜨거운 논의의 장을 가능케 한 많은 시인들의 열정적인 활약에 성원을 보낸다.

이제 〈정음시조문학상〉이 첫걸음을 힘차게 내딛는다. 십시일반 마음과 뜻을 모아 신진시인들의 창작 열정을 북돋우고 사기를 진작하고자 하는 뜻에서 시작한 일인 만큼 멀리 내다보고 나아가고자 한다. 강호제현의 편달을 청한다.

수상 작품집 〈정음시조〉에 신작을 보내주신 여러 시인과 평론 원고를 주신 황치복 교수님, 큰 힘을 실어주신 고문님, 상임운영위원님, 여러 운영위원님, 편집위원님들과 본심을 맡아 수고하신 박기섭 시인, 홍성란 시인, 유성호 교수님께 감사드린다.

신진시인들의 분발과 정진을 기원하는 바이다.

2019년 6월

정음시조문학상 운영위원장 이정환

2019
정음시조

통권 제1집

제1회 정음시조문학상 수상자_김양희

신작초대석

제1회 정음시조문학상

- 1964년 제주 한림 귀덕 출생
- 2016년 《시조시학》 신인상
- 2018년 《푸른 동시놀이터》 동시조 추천완료
- 불교신문 문인에세이 연재 중(2018 ~)
- 경기대 한류문화대학원 석사
- 유심시조아카데미, 한국시조시인협회, 오늘의시조시인회의 회원

절망을 뜯어내다 외 4편

김양희

우리를 탈출한 고릴라가 돌아다닌다

어떻게 나갔어
대체 비결이 뭐야

철망을 하루에 한 칸씩 나도 몰래 뜯었지

절망을 뜯어냈다고?
철망을 뜯어냈다고!

오타를 고치려다 눈이 주운 어휘 한 잎

절망을 하루에 한 줌 몰래 뜯어내야지

나팔꽃이 나팔꽃에게

지하철에서 엄마가
아이에게 이른다
기둥 꼭 잡고 있어
사람들에게 쓸려나가
휩쓸고 지나가는 것
큰바람만 아니지

끝없이 밀려오고
밀려가는 사람 속에
나팔꽃 새순처럼
기둥에 매달린 아이
자동문 열릴 때마다
더 꼭 매달리는 아이

나무에 든 밥알

나뭇잎 다 내려놓고 침묵에 휩싸이던
혜화로가 잠시 기계 울음에 묻힌다

가지를
툭, 툭, 자르며
혼자 우는 전기톱

톱밥이 바람 타고 첫눈처럼 흩날린다
모든 밥엔 울음이 말아져 있는 걸까

공복의
가지를 친다
나무에 든 밥알들

개밥그릇 앞에서

뒤꼍이 지지러지는 까치 울음소리

웬 까치 비명이 저렇게 요란하담

창 너머 살펴보다가 나도 지지러진다

이빨에 무참히 찍혀 버둥거리는 까치

필시 절규하는 건 아내나 남편일 것

새끼들 거둬 먹이려다 개밥그릇 앞에서

빨간 장화

여인을 움직이는 목 짧은 고무장화
바람도 따라잡기 버거울 만큼 재바르다
바퀴를 달아놨을까
소리보다 먼저 온다

밥집 문을 닫는 무교동 아홉시가
바닥에 주저앉아 하루를 벗겨낸다
장화 안
투명비닐봉지
까만 양말 하얀 발

어떻게 살아냈는지 다 말하지 않아도
불어터진 발 무늬 찍히는 바닥은 안다
칫새벽
눈밭 질러간
어미 노루 발자국

■ 자선작

짐볼

아무리 굴려도 흔들리지 않는 중심

모양대로 구르며 벽으로 간 공은

스스로 길을 내가며 돌아올 줄 안다

밀어도 기울지 않는 동그란 결정체

모서리란 말을 가져본 적이 없어

상처를 선물하거나 받을 줄도 모른다

가자 지구

심심한 일상에서 지루한 생활하며
TV 보다 잠들고 싶다, 싸우고 싶지 않다*
무관심
비겁으로 뭉친
세상 향해 외친다

지구에서 가장 큰 야외 수용소 가자
날아가던 총탄도 두 눈 감아버린다
세상에
아무렇게나 핀
꽃이 어디 있을까

*팔레스타인 칼레드 흐룹 교수의 말.

만남의 재발견

엉겨 붙은 핏덩이에 달라붙은 거즈처럼
그 시간 넌 나에게 절실한 필요였지만

흐르던
피 멈추고 나면
떼어내기 두려워

전집 열두 권

지금 소설 속을 맨발로 걷는 느낌이야
이야기를 밟다보면 슬픔은 희석되지
기쁨의 눈물 같은 거 정말 신파라 해도

누구에게나 있는 열두 권 소설책은
곳간 깊이 숨겨놓은 잘 여문 알곡이지
그렇게 간직만 해도 풍부한 자산이야

잠 속에 비운 뇌를 꿈으로 채워나가
기억하려 할수록 멀어지는 무의식 말고
되도록 상상만으로 포만감을 노려봐

맨손이 적합할 거야 투명한 맹물처럼
흥미진진한 사건 혹은 담백한 배경
무한히 텅 빈 곳으로부터 시작문은 열리지

벽보, 광고

일자 목 척추측만
흰 다리 골반불균형

확, 들어오는 광고
심드렁 선거벽보

세우고 바로 잡아야
제대로 걸어가지

현란한 혀 놀림이
눈귀를 죄다 막고

포퓰리즘 공약문
무조건 터치하라니

꽃피는 온도가 다른
저 식물들을 보아라

■ 수상 소감

2019. 4. 1. 18 : 59. 통화 시간 1분.

2019년 4월 1일 18시 59분은 제게 특별합니다. 제1회 정음시조문학상 수상자로 결정되었다는 벅찬 소식이 온 시각입니다. 제 삶에서 가장 뚜렷할 때로 기억될 것입니다. 시간은 흐르다 중요한 대목마다 매듭을 엮습니다. 기억이라는 장치는 지나온 시간의 줄에서 매듭에 걸리는 순간 작동하여 그곳을 풀어보게 됩니다. 매듭의 크기에 따라 턱, 걸리기도 하고 슬쩍, 지나가 버리기도 하겠지요. 오늘 묶인 매듭은 제 시간의 줄이 만들 수 있는 가장 큰 크기일 것입니다.

상은 양팔저울인가 봅니다. 기쁨과 책임을 양쪽에 담아 팽팽하게 균형을 이루고 있습니다. 저울은 상이 주는 기쁨만큼 시조를 열심히 쓰라는 책임감을 묵직하게 지워줍니다. 상이 주는 두 가지 깊은 뜻 겸허히 받겠습니다.

고맙습니다. 시조를 열심히 쓰고 있지만, 아직 부족한 제 글을 수상작으로 올려주신 박기섭 선생님, 홍성란 선생님, 유성호 선생님께 감사드립니다. 더욱 정진하여 정음시조문학상 고귀한 뜻에 어긋나지 않는 시인이 되겠습니다.

정음시조문학상을 제정하여 제1회 수상자가 되는 영광스러운 자리를 마련해주신 정음시조문학상 운영위원회 관계자 여러분께 감사 인사드립니다.

정음시조문학상의 무궁한 발전을 기원합니다.

고맙습니다.

정음시조문학상 심사평

"등단 15년 미만, 최소 5편 이상 신작 발표" – 이것이 〈정음시조문학상〉이 내건 수상 후보자 자격 요건이다. '15년 미만'에는 신예 시인을 망라하고자 하는 뜻이, '5편 이상'에는 발표 작품의 균질성을 담보하려는 의도가 엿보인다. 일견 확장성이 강한 구도여서 선고작업에 드는 품이 녹록지 않았으리라 짐작된다. 올해만 해도 전체 대상 시인이 3백 명을 웃돌았다고 하니 말이다. 이렇듯 치열한 예심과정을 거쳐 본심에 오른 작품은 9명의 45편이었다.

블라인드 심사 원칙에 따라 개인정보 대신 일련번호가 매겨진 원고뭉치가 주어졌다. 〈정음시조문학상〉의 유일무이한 심사기준은 '작품성'이었다. 이는 물론 정형미학의 완성도를 포함하는 개념이다. 이미 검증을 거친 작품들인지라 다양한 개성의 혼재 속에 저마다 견고한 미학의 성채를 구축하고 있었다. 개별 검토가 끝난 뒤 가려낸 작품들을 두고 다시 진지한 논의가 이어졌다. 어렵사리 수상작을 낙점하고 블라인드를 걷어내자 확인된 이름은 김양희 시인이었다. 선고된 5편을 함께 묶어 수상작으로 결정한 것은 수상 시인의 역량과 작품의 면모를 제대로 보여주자는 뜻에서다.

김양희 시인의 강점은 발화의 참신함에 있다. 자연과 인간을 적절히 결속하면서 생존 현장에 직핍한 정서의 진폭을 보여준다. 익숙한 풍경을 낯설게 뒤집어 의외의 시선을 유도하거나, 입말의 말맛을 살려 문맥의 표정을 풍부하게 하는 점도 눈여겨볼 대목이다. 다만 산견되는 역음보의 노출은 자칫 시상의 흐름에 장애턱이 될 수도 있음을 지적하고 싶다. 앞으로 〈정음시조문학상〉 첫 회 수상자의 진면목을 더욱 고양된 작품성으로 증명해주길 기대하며, 영예의 수상을 축하한다.

심사위원 **박기섭**(시조시인)

정음시조문학상 심사평

마침내 정음正音이라는 이름으로 문학상이 생겼다. 훈민정음이 백성을 가르치는 바른 소리이듯 정음시조문학상은 바른 음 바른 소리로 독자대중의 심금을 울려줄 것을 기대하며 심사에 임했다.

심사 당일 알게 된 일이지만 1차 심사와 2차 심사에 이르기까지 상상을 초월하는 예심 대상자들을 감당해 낸 운영방식과 선고작업은 놀라웠다. 최종심에 오른 9명의 45편을 숙독했다. 제1회라는 점에서 충분히 검증된 시인의 좋은 작품으로 중량감을 실어야 한다는 의견에 따라 재삼 정독했다. 투표와 심층 토론 끝에 쉽지 않게 수상자를 결정했고 우리는 그가 김양희 시인임을 알게 되었다. 등단 3년의 신예에게 부담이 될 것이나 그것은 오롯이 그의 몫이다. 각고의 노력이 뒤따라야 할 것이다.

무엇보다 김양희 시인의 작품은 최종심에 오른 여타의 작품들이 보여주는 시적 발상과 언어 구사의 방식과는 다른 모습이 강점이었다. 소재도 시적 전개도 시어 운용도 모두 낯설어 신선하게 다가왔다. 김양희 시인의 작품에 유독 시조 근방에서 흔히 만나는 시어는 없었다. 따로 어느 방면의 지식이 있어야 알 수 있는 시도 없었다. 중견 이상 시인들이 보여주는 근사한 시적 표현이나 특별한 시어를 가져다 쓴 경우도 없었다. 대단한 발상은 아니지만 진솔한 태도와 시적 접근이 미더웠다.

옛 시인 말씀에 시의 귀함은 담백하면서도 심오한 뜻에 있다고 했다. 시는 학문이 아니라 문학이다. 해석이 따로 필요 없고 읽으면서 읽는 이의 마음을 움직이면 그게 좋은 시다. 제1회 정음시조문학상 수상자로서 진정한 노력과 겸허한 자세로 올곧게 정진할 것을 요청한다. 가슴 깊은 곳으로부터 축하를 보낸다.

심사위원 **홍성란**(유심시조아카데미 원장)

제1회 정음시조문학상 본심에는, 등단 15년 미만의 시조시인들 말하자면 우리 시조시단에 새로운 활력과 숨결을 불어넣고 있는 아홉 분의 신진시인들이 올라와 있었다. 현대시조의 새로운 가능성과 오래된 위의威儀를 동시에 확인시켜주는 작품들이 예심을 통과해 도착해 있었다. 심사위원들은 이분들 작품을 일독해가면서, 사물과 삶의 본질을 추구하고 언어의 창조적 비밀에까지 이르고자 애쓴 세계를 흔연히 만나볼 수 있었다. 오랜 토론의 결과, 김양희 시인의 다섯 작품을 수상작으로 결정하게 되었다.

김양희 시인의 근작들은 새로운 기율과 언어를 통해 우리 시조시단에 긍정적 충격을 주고 있는 시인의 역량을 느끼게 해준 가편佳篇들이었다. 최근 우리 시조가 난해성의 회로에 빠지거나 전통적 어법을 그대로 묵수하거나 아니면 지나친 파격을 통해 시조다움을 훼손시키는 사례가 빈번한 터에, 그가 취한 고전적 사유와 소통 지향적 언어는 우리가 잃어버리고 살아가는 미학적 기원에 대한 충동과 성취를 유감없이 보여주었다. 편편마다 경쾌한 언어와 고전적 상상력이 견고하게 결속되어 있는 점은 앞으로도 그의 큰 힘이 되리라 생각된다. 때때로 동심의 상상력까지 얹으며 발휘되는 시인의 언어는 그 자체로 우리 시조의 미래를 밝히는 실물적 성과라고 생각된다. 「절망을 뜯어내다」에서 보여준 "눈이 주운 어휘 한 잎"의 언어감각과 「나팔꽃이 나팔꽃에게」가 들려준 애틋하고도 아름다운 장면 그리고 「나무에 든 밥알」과 「빨간 장화」에 나타난 선명한 심상은 두고두고 기억될 장인적 솜씨라고 할 수 있다. 수상을 축하드린다.

이제 정음시조문학상은 매우 개성적인 모습으로 막 출발을 하게 되었다. 그 첫 회 수상자로 김양희 시인의 이름을 기록하면서, 정음시조문학상이 앞으로 더욱 좋은 작품들을 균질적이고 지속적으로 쓰는 젊은 시인에게 주어지는 전통을 세워가기를, 그리고 시조문학의 발전에 기여하는 커다란 상으로 발전해가기를 마음 깊이 소망해본다.

심사위원 **유성호**(문학평론가, 한양대 교수)

젊은 시조시인들의 내면 풍경

황치복(문학평론가)

1. 농밀한 서정의 향연

요즘 현대시조의 르네상스라는 말을 실감할 수 있다. 새롭게 창간된 시조 잡지 『정음시조』를 비롯하여 대략 50여 지면에서 시조가 실리고 읽힌다고 한다. 시조 작품의 발표 지면의 확대와 역량 있는 신인들의 발굴이 활발하게 이루어지면서 시조의 부흥이라는 말이 낯설지 않게 되고 있다. 현대시조를 사랑하는 독자로서 반갑고도 행복한 일이 아닐 수 없다.

『정음시조』의 창간호에 등단한 지 15년이 안 되는 젊은 시조 시인들의 작품들을 모아 놓은 것을 보니, 앞으로 나아갈 시조의 길이 보이는 듯하다. 시조가 다루고 있는 주제와 다양한 형식적 실험의 폭이 매우 넓어지고, 시조가 담아내는 서정과 사유의 밀도가 웅숭깊어진 것을 확인할 수 있다. 기본적으로 농밀한 서정을 토대로 하면서, 부조리한 현실에 대한 풍자가 다수의 작품을 차지하고 있으며, 선명한 이미지와 참신한 상상력을 통한 감각의 갱신을 이루고 있는 작품군들, 그리고 전통의 아름다운 모습을 복원하려는 의지와 실험 의식을 통해서 최첨단의 시대를 살아가려는 다양한 욕동들이 꿈틀거리고 있다. 다양하고 풍성한 현대시조의 작품 속으로 들어가 본다.

1.

길섶에 쏘옥 온몸 내민 쑥부쟁이 투투 툭 봄비 소리 초록이 잠을 깬다 세상의

모든 갈피는 잔물결을 제본한 듯

2.

듬성듬성 구멍을 안고 는개의 궤적을 안고 풀나비 다녀가고 애벌레 찾아온 자리 때로는 몸 기댈 수 있는 당신의 환한 의자

3.

말모이로 남겨놓은 구순 노모의 쑥버무리 두 손 모은 무늬도 있고 흙냄새 스며있다 그토록 읽고 싶었을 글귀, 내 눈시울 붉어진다

4.

편애 없는 볕뉘 한 줌 슬픔 얹어 품은 생애 실 눈뜬 기척들이 물관 소리 만져줄 때 촉촉이 빛나는 지문 바람이 채록한다

— 구애영, 「그린 북green book」, 전문

네 개의 단시조가 결합된 연작시조라고 할 수 있는데, 행의 구분 없이 줄글로 이어지 형식적 특징은 산문시로 보이도록 하는데, 그 안에는 3장의 구도와 4음보의 율격이 정연하게 배치되어 있어서 시조의 자연스러운 가락을 느낄 수 있다. 피터패럴리 감독의 영화 제목을 따온 시의 제목은 외국어를 그대로 노출함으로써 현대적 감각을 느끼도록 한다. "세상의 모든 갈피는 잔물결을 제본한 듯"이라는 구절에서 볼 수 있듯이 선명한 이미지의 구축은 시인의 저력을 짐작케 한다. 세 번째 수의 "두 손 모은 무늬도 있고 흙냄새도 스며 있다"는 구절도 그처럼 감각적 이미지가 빛을 발하는 장면인데, 쑥버무리에 새겨진 구순 노모의 손가락의 굴곡까지 읽어내는 섬세한 관찰력을 볼 수 있다.

이러한 섬세한 관찰과 명증한 이미지는 서정의 원천으로 작용한다. 세상의 갈피에 있는 모는 잔물결들이나 "실 눈뜬 기척들이 물관 소리 만져줄 때

촉촉이 빛나는 지문 바람이 채록한다"는 선명한 이미지들이 "말모이로 남겨 놓은 구순 노모의 쑥버무리"라든가 "그토록 읽고 싶었을 글귀, 내 눈시울이 붉어진다"는 구절과 결합하여 자연을 한 권의 책으로 간주하고 열심히 그 의미와 메시지를 읽어내면서 살아온 소박한 구순 노모의 삶이 잔잔한 감동은 자아내고 있다.

나이 든 수레 하나 언덕에서 멈춥니다

십 대 아이 둘이서 앞과 뒤를 보탭니다

꽃 지는 어느 봄날의 삽화 한 장 봅니다

평온하던 봄날도 언덕을 넘습니다

올해도 봄은 지나치지 않았습니다

감동은 마르겠지만 기억은 남겠습니다

— 김동인, 「수레와 봄」, 전문

최대한 말을 아끼고 여백의 공간을 넓힘으로써 서정을 창출하고 있는 작품이다. 행과 행 사이의 빈 공간은 비어 있기는 하지만, 응축된 표현으로 인해서 감동적인 시적 상황과 그에 따른 서정적 자아의 감회로 채워지고 있다. 어떤 늙은 노인이 수레를 밀고 가지만 언덕을 넘지 못해 힘들었다는 것, 그러자 십 대 아이 두 명이 앞에서 끌고 뒤에서 밀면서 언덕을 넘어 갔다는 것, 그러자 꽃이 지면서 봄날이 지나갔다는 내용이 잔잔하고 담백한 어조로 서술되고 있다.

"언덕"은 삶이 직면하게 되는 인생의 어떤 고비나 위기를 나타내는 표현

일 것이다. 그것은 힘겨운 과정을 암시하고, 인생이 통과해야 하는 어떤 관문이나 단계를 암시하기도 한다. 그러니까 이 시조 작품은 나이 든 노인이 어린 아이들의 도움을 받아서 그 고비를 넘기는 사건을 보여주면서 농밀한 서정을 만들어내는 것인데, 그 고비를 "봄"과 연결시키고 있다는 점에서 특징적이다. 흔히 봄은 만물이 소생하고 백화가 만발하는 호시절로 생각되고 있다. 물론 언 땅을 녹이며 돋아나는 풀잎이나 개화하는 꽃들을 보면 그러한 환희와 작약의 계절임에는 틀림없다. 하지만 봄은 꽃샘이나 잎샘이라는 어휘가 암시하고 있듯이 시련의 시절이기도 하고, 잉태의 시절로서 산모가 입덧을 하듯이 불안정한 시기이기도 하다. 따라서 봄날을 잘 넘기는 것은 인생의 한 고비를 넘기는 것이며 통과의례를 잘 수행하는 것이 된다. 이 시는 그러한 위기와 통과의례를 아이들의 힘에 의해서 넘겼다는 것이며, 그리하여 노인은 하나의 고비를 넘기고 재생의 삶을 살 수 있게 된 셈이다. 이러한 장면이야말로 진정한 봄의 모습이기에 시적 화자는 "올해도 봄은 지나치지 않았습니다"라고 하면서 진정한 봄의 의미에 대해서 음미하고 있는 것이다. 담담한 어조와 말을 아끼는 절제된 서술은 이 시조에서 또 다른 서정의 원천이기도 하다.

2. 현실에 대한 풍자

시조의 종요로운 장점 가운데 하나는 현실에 대해 접근해서 그것을 분석하고 풍자함으로써 세상에 대해 발언할 수 있는 점이라 할 수 있는데, 이는 시조의 발생학적 기원이나 고시조와 현대시조의 작품들이 증언하고 있다. 시절가조時節歌調로서 시대의 아픔이나 모순에 대해서 날카로운 비판의 서슬을 세우는 것이 시조의 특징이자 장점이었던 것이다. 현대시조가 이러한 시조의 특장점을 계승하는 것은 당연한 일이다.

중심을 꺾지 마라 네 몸은 직립이야

뽀송송 물오르는 백화점 인턴인 걸

배꼽에 나란한 두 손, 하늘 향해 뻗어야지

억지로 웃지 마라 선거철이 아니잖아

돌아서면 빳빳한 목, 꾼들의 뒤태인 걸

구십 도 늪에 빠질라 마약같이 혼몽한

— 김덕남, 「구십 도」, 전문

친절과 서비스도 하나의 상품이자 노동일 수 있다는 감성노동의 개념은 오늘날 우리 사회가 이윤의 획득이라는 자본주의 정신에 의해 지배되고 있음을 실증해주고 있다. 친절과 봉사도 하나의 이윤을 창출하는 상품이나 노동일 수 있다는 전제에는 모든 것을 교환가치로 환원해서 생각하고자 하는 자본주의의 잉여가치에 대한 몰입과 물신숭배의 정신이 자리잡고 있는 것이다. 김덕남 시인의 이 시조 작품이 다루고자 하는 우리 사회의 문제는 바로 그러한 천박한 사고와 생활 방식이라고 할 수 있다.

구십 도로 허리를 굽혀 인사해야 하는 백화점의 인턴 걸은 친절과 봉사를 파는 노동자이다. 그녀는 "배꼽에 나란한 두 손"에서 알 수 있듯이 공손한 태도로 정중하게 손님을 맞으며, "억지로 웃지 마라"에서 알 수 있듯이 내키지 않는 가식적인 웃음도 항상 간지하고 있어야 한다. 하지만 그녀를 대하는 것은 "돌아서면 빳빳한 목"에서 알 수 있듯이 도도하고 무례한 소비자들의 군림하는 태도일 뿐이다. 시적 화자는 "구십 도 늪에 빠질라 마약같이 혼몽한"이라고 하면서 친절과 웃음을 파는 감성노동이 노동에 대한 신성한 가치와 본래적 의미를 퇴색하게 함으로써 주체성과 정체성의 혼란을 야기할 수 있음을 경고하고 있다. 오늘날 우리 사회에서 아무런 문제의식 없이 벌어지는 현상에 대해서 날카로운 비판의 시각을 던짐으로써 반성과 성찰을 요구하는 빼어난 작품이다.

일자 목 척추측만
휜 다리 골반불균형

확, 들어오는 광고
심드렁 선거벽보

세우고 바로 잡아야
제대로 걸어가지

현란한 혀 놀림이
눈귀를 죄다 막고

포퓰리즘 공약문
무조건 터치하라니

꽃피는 온도가 다른
저 식물들을 보아라

— 김양희, 「벽보, 광고」, 전문

굽고 휘어진 몸의 교정을 선전하는 광고와 정치적 선거의 벽보를 나란히 배열함으로써 정치판의 왜곡되고 기형적인 모습을 풍자하고 있는 작품이다. 일자 목이나 척추측만, 그리고 휜 다리나 골반불균형은 우리 몸이 바른 체형과 균형 감각을 상실하고 얼마나 일그러지고 왜곡되어 있는지를 대변해준다. 그런데 이와 함께 붙어 있는 선거벽보를 보니, 정치판이 우리의 몸 상태보다 더욱 심각한 상태로 병들어 있음을 발견한다. "현란한 혀 놀림이/

눈귀를 죄다 막고", 무조건 찍어줄 것을 강요하는 "포퓰리즘 공약문"은 바로 정도에서 벗어나 일탈을 일삼는 일그러진 우리의 정치적 현실을 고스란히 보여주는 모습이다. 고쳐야 할 것은 우리의 굽고 휘어진 몸보다 더욱 왜곡되고 일그러진 정치적 관행이라는 사실을 강조하고 있는 셈이다.

시적 화자는 둘째 수의 종장에 "꽃피는 온도가 다른/ 저 식물들을 보아라"라고 하면서 자신만의 고유한 기준과 척도로서 사태를 판단하고 실천하는 식물을 내세우고 있다. 좀 비약이 있기는 하지만 이러한 구도는 자신의 정치적 신념과 소신을 가지고 공약을 내세우고 실천해야 한다는 정치적 대안을 제시한 것으로 이해할 수 있다. 기형적인 몸과 기형적인 정치적 현실을 대비시켜 정치적 성찰과 반성을 요구하고, 비유적인 구도를 통해서 대안을 제시하는 풍자의 면모를 여실히 보여주고 있는 작품이다.

3. 감각의 갱신과 독창적 상상력

현대시조가 현대시로서의 위상을 지니기 위해서는 현대의 맥박과 호흡을 지녀야 하며, 현대시의 문제의식을 공유해야 할 것이다. 현대시는 그 본질적 속성의 하나로 전위적인 성격을 지니고 있는데, 전위란 기존의 관습과 문법을 극복하고 새로운 시적 관습과 문법을 창출하는 것을 말한다. 새로운 시의 문법과 관습을 구축하는 작업은 다양한 갈래의 방법이 있겠지만, 가장 고전적인 방법은 독창적인 상상력과 발상의 전환을 통해서 굳어진 관습과 감각을 갱신하는 일일 것이다. 이서원, 조안, 이명숙의 시편들이 이러한 감각의 갱신과 참신한 발상을 보여주고 있다.

삼키다 만 대가리가 반쯤 걸린 목구멍

발버둥치는 뒷다리 허공을 휘젓는다

붉은 피 뚝뚝 떨어지는 생과 사의 결투!

— 이서원, 「약육강식-일몰」, 전문

일몰의 노을은 많은 사람들이 일상적으로 바라보는 풍경이며, 시인들이 즐겨 사용하는 모티프이기도 하다. 하지만 이처럼 노을을 약육강식의 치열한 투쟁의 현장으로 바라보면서 역동적이고 생동감 있는 이미지를 보여준 작품은 없을 것이다. 또한 비유의 설정 또한 절묘해서 시적인 리얼리티를 확보하고 있다는 점에서도 놀라운 면모를 보이고 있다.

"삼키다 만 대가리가 반쯤 걸린 목구멍"이라든가 "발버둥치는 뒷다리 허공을 휘젓는다"는 표현들은 사냥의 성공으로 사냥감을 삼키는 모습과 먹히는 사냥감이 취하는 취후의 저항을 생동감 있게 묘사하고 있다. 물론 이러한 묘사는 서녘의 능선으로 사라지다가 반쯤 걸려 있는 태양의 모습이겠지만, 그것을 사냥감과 사냥꾼의 대립적 구도로 비유함으로써 치열한 생존의 현장을 연상시킨다. 그런데 이러한 비유가 설득력이 있는 것은 얼마 남지 않은 밝은 낮의 시간이 깜깜한 어둠이 지배하는 밤의 시간으로 대체되는 과정이라는 점에서 그것은 삶이 죽음에 먹히는 과정의 은유로 해석할 수 있다는 점이다. 그렇기 때문에 "붉은 피 뚝뚝 떨어지는 생과 사의 결투!"라는 종장의 표현이 전혀 어색하지 않고 설득력을 지니게 된다. 이러한 표현은 하루하루 반복되는 현대인의 일상적 삶이 얼마나 치열한 생존 투쟁의 장이며 고통의 현장일 수 있는지를 상상하게 함으로써 삶에 대한 진지한 성찰을 요구하고 있기도 하다.

연못 위 동그랗게
퍼지는 빗방울이고

유영하는 잉어가
그려내는 파문이야
눈앞에
보이지 않아도
얼비치는 물무늬야

— 조안, 「너」, 전문

현대시에서 자주 볼 수 있는 연시로서 그 시적 소재가 새로운 것은 없다. 하지만, 그 소재를 다루는 방식이라든가 섬세하게 직조하고 있는 이미지의 구축이 신선한 느낌을 준다. 시적 전개에 의하면 사랑의 대상인 "너"는 연못 위에서 동그랗게 파문을 이루면서 퍼지는 "빗방울"이기도 하고 "유영하는 잉어가/ 그려내는 파문"이기도 하다. 그러니까 너는 잔잔한 서정적 자아의 마음에 항상 물결을 일으켜 퍼져나가는 그러한 힘을 행사하는 주체이며, 나는 그러한 너로 인해서 항상 마음에 파고를 경험하는 객체인데, 이처럼 전도된 주체와 객체의 위상은 사랑의 진실한 한 국면을 말해주는 것이다. 결국 너라는 존재는 "눈앞에/ 보이지 않아도/ 얼비치는 물무늬"로서 언제나 어렴풋한 이미지로 나의 호기심과 상상력을 자극하면서 나의 온 마음을 끌어당기는 인력을 행사하는 존재로 묘사되고 있는데, 동그란 파문과 유영하는 물결, 그리고 물무늬 등의 선명한 이미지로 인해서 너가 행사하는 심리적 자극과 그에 따라 생성되는 나의 내면의 심문(心紋)이 섬세하게 살아나고 있다.

어쩌면 수 세기 전 나는 탄생했을라
어쩌겠어 맘 한 잎 몸 한 채 비롯된 곳
어여쁜 전설 하나쯤 당연하지 않겠니

불의 섬과 얼음 성 아오테아로아* 숨소리
루아타푸 동굴에 돌 던지고 널 빌까
지구도 딸꾹질하다 숨을 놓친 거기서

어쩌다 동녘 하늘 실밥처럼 매달려
우울조차 게으른 익은 꽃잎의 나날
잎 지고 너마저 지고 꽃그늘도 놓치고

꽃구름 양떼구름 실구름 새털구름
파란 하늘 언저리 뭉게뭉게 너였어
소년아, 인연의 바람 몰고 가는 목동아

— 이명숙, 「길고 흰 구름의 땅이 손짓하면, 갈게」 전문

이 작품은 뉴질랜드를 여행하면서 느끼는 감회를 시화하고 있지만, 여행시라는 측면보다는 어떤 신화적이고 주술적인 사고방식으로 인해서 새로운 감각을 선사하고 있는 작품이다. "어여쁜 전설"이라든가 "불의 섬과 얼음의 성 아오테아로아"라는 구절들은 우리를 곧장 과거의 어느 시원적 시공으로 데리고 간다. "길고 흰 구름의 나라"라는 원주민 마오리족의 말인 "아오테아로아AOTEAROA"라는 어휘는 어떤 몽환적이고 신비스러운 분위기를 자아낸다. 또한 신성한 동굴이라는 뜻을 지닌 루아타푸 동굴Ruatapu Cave도 그러한 기능을 발휘하는데, 소원동굴이라고도 하는 그곳의 작은 샘에 돌을 던지고 자신의 소원을 말하면 소원이 이루어진다고 하는 주술적 사고와 행위가 거기에 내포되어 있기 때문이다.

"꽃구름 양떼구름 실구름 새털구름"에서 나열되어 있는 구름들이 아마도 길고 흰 구름의 나라의 구체적 모습을 암시하고 있는데, "잎 지고 너마저 지고"라는 구절이나 "파란 하늘 언저리 뭉게뭉게 너였어"라는 구절을 보면, 길고 흰 구름의 나라는 피안에 존재하는 어떤 상상의 나라라는 것을 알 수 있다. 이러한 구름의 나라가 "인연의 바람"에 의해서 도달할 수 있음이 암시되어 있거니와 이러한 구도는 이 시조 작품이 하나의 환상이나 몽상의 구조에 기대고 있음을 알 수 있다. 그런데 이러한 신화적이고 주술적이며, 환상적이고 몽상적인 상상력으로 인해서 이 시조 작품은 새로운 감각과 상상력을 자극하는 면모를 지니게 된 것이다.

4. 전통과 전통의 갱신

시조가 전통적 사고방식이나 생활방식, 그리고 고유한 전통문화를 담아

낼 수 있는 가장 효과적인 그릇이라는 생각에는 별다른 설명이 필요하지 않을 것이다. 700여 년 동안 시조는 우리 의 언어와 가락을 통해서 고유한 사고방식과 미의식을 표현해왔기 때문이다. 하지만 전통은 항상 창조된 전통으로서 새로운 가능성이기도 하다. 시조는 전통에 대한 관심과 가치를 발굴하면서도 그것을 현대화하기 위한 부단한 작업을 게을리하지 말아야 할 것이다. 그러한 점에서 시조는 전통에 대한 수호자이기도 하면서 전통의 파괴자이기도 한 셈이다.

북풍에 흩날리던 봉두난발 추스르고
의관을 정제하며 다소곳이 앉은 고택
한갓진 산기슭에서
매화 향기 듣는다

사립문 닫아걸고 별자리 우러르며
안으로 맺힌 멍울 어르고 삭인 날들
노을은 담장에 누워
또 얼마나 울었을까

맨발이 억새처럼 벼랑을 딛고 서서
몸으로 획을 그은 담담한 저 수묵화
선비의 푸른 결기는
사윌 줄을 모른다

— 유선철, 「모리재에 서다」, 전문

모리재는 병자호란 때 척화파인 정온이 자결에 실패하고, 고향인 거창에 돌아와 은거했던 곳에 유림들이 건립한 재사齋舍라고 한다. 이 시조는 모리재를 소재로 해서 거기에 담겨 있는 선조들의 생활 방식과 사고방식, 그리고 미의식 등을 잘 살려내고 있다. 첫째 수에서는 "북풍"이라든가 "의관", "정제", 그리고 "고택", "매화 향기"등의 시어들이 고풍스러운 우리 조상의 모습이라든가 삶의 풍경 등을 적절히 복원하고 있다. 또한 "사립문 닫아걸고 별자리 우러르며"라는 둘째 수의 표현은 하늘을 우러러 천명을 살피며, 인간이 걸어가야 할 길을 가고자 했던 우리 조상들의 삶의 방식과 사고의 유형을 살려내고 있다. 죽는 한이 있더라도 끝까지 청과 싸워한 한다는 척화파의 주장과 신념은 "맨발의 억새처럼 벼랑을 딛고 서서/ 몸으로 획을 그은 담담한 저 수묵화"로 비유되기도 하고, "선비의 푸른 결기"로 묘사되기도 하는데, 이러한 표현들은 표현보다는 뜻을 중시한 문인화에 담긴 미의식을 소환하면서도 그들이 지닌 고고한 정신성의 품성을 환기하기도 한다. 이 시조 작품은 시조가 한지에 그린 수묵화처럼 고풍스러운 아름다움을 구축할 수 있을 뿐만 아니라 고결한 정신성을 담을 수 있는 그릇이라는 것을 실증해주고 있다.

지금까지 우리는 등단 15년 미만의 젊은 시조시인들의 작품을 통해서 오늘날 우리 시조가 서 있는 현장을 검토하면서 우리 시조의 미래를 조감해보았다. 신선한 감각과 독창적인 상상력으로 우리 시조가 나아갈 길을 개척하는 다양한 모습들을 확인해 볼 수 있었다는 점에서 의미 있는 작업이었다고 생각된다. 하지만 여전히 3장 6구라는 형식과 4음보라는 율격적 장치만을 실현하기에 급급한 작품들도 없지 않았다. 특히 세 줄로 된 짧은 단형시조를 쓰면서 압축과 절제를 구축하지 않으면 시조는 참으로 기댈 곳이 없다는 생각이 들게 하는 작품들도 눈에 띄었다. 시조의 창작에는 절차탁마切磋琢磨의 고행의 과정이 필요하고, 언어와 사고에 대한 극도의 절제와 응축이 필요하다는 생각을 잊지 말아야 한다. 시조란 절제와 균형, 압축과 정제를 통해서 의미를 산출하는 시적 양식이라고 할 때, 시조 창작은 버리고 비우며, 갈고 닦는 과정을 통해 어떤 고갯이에 도달하는 구도求道의 과정이라고 할 수도 있기 때문이다.

신작 초대석

금빛 유서

강대선

갈색 톤 흘림체로 남겨진 유언 한 장
벙어리 냉가슴은 벽 속에 스며든다
한밤에 써 내려갔을
소환되는 기억들

벽지에 인장 찍힌 할머니 양 손바닥
흩어진 조각 기억 하나 둘 기우니
한 평생 얼룩졌어도
금빛이다 추억은

강대선 2019 《동아일보》 신춘문예 등단

수루戍樓

강병국

망루에 돌아앉은 사내를 만난다
파도를 듣는가 적막을 읽는가
밀려온 한산바다가 저녁을 서성인다

시위를 당겨볼까 초승달을 베어볼까
바람 머물다가는 돌층계에 앉아볼까
아무도 말 걸지 못할 묵중한 시간 앞에

강병국 2019 《좋은시조》 등단

그림자에 갇히다

고성만

햇살이
사다리 타고 내려온 아침
이삿짐 차 태워지는 피아노 뚜껑을
투우웅, 열어젖히며
튕겨나간 음표들

바리바리 싣고서 어디로 가는 걸까
마른가지 물어다 새집 짓는 까치들
근처에 산불 났는지 회전하는 검은 날개

한순간
헬리콥터 그림자에 갇힌 찰나
꺼내 줘!
섧은 여사 가슴팍 깊은 곳
저절로 놓친 시선이
날아가 꽂히네

고성만 2019 《농민신문》 신춘문예 등단

춘몽

구관모

송절주 향기 젖어
취한 듯 꿈꾸는 듯

푸르게 피어난 하루
덧없이 지나갔다

자목련 흐드러진 봄날
꿈인지 환상인지

초파리 조지라지는
보글보글 그 향기

얼큰한 한 달이 오고
새콤한 일 년이 갔다

청산에 달 한번 보는 새
한 생이 또 흘러갔다

구관모 2019 《시조시학》 등단

그린 북green book*

구애영

1.
길섶에 쏘옥 온몸 내민 쑥부쟁이 투투 툭 봄비 소리 초록이 잠을 깬다 세상의 모든 갈피는 잔물결을 제본한 듯

2.
듬성듬성 구멍을 안고 는개의 궤적을 안고 풀나비 다녀가고 애벌레 찾아온 자리 때로는 몸 기댈 수 있는 당신의 환한 의자

3.
말모이로 남겨놓은 구순 노모의 쑥버무리 두 손 모은 무늬도 있고 흙냄새 스며있다 그토록 읽고 싶었을 글귀, 내 눈시울 붉어진다

4.
편애 없는 볕뉘 한 줌 슬픔 얹어 품은 생애 실 눈뜬 기척들이 물관 소리 만져줄 때 촉촉이 빛나는 지문 바람이 채록한다

*피터패럴리 감독 영화 이름에서 가져옴.

구애영 2010 《시조시학》 등단

깨톡, 지니님이 님에게 용돈을 보냈습니다

권영희

가끔은 무심하게 깨톡을 보내는 딸
이번 달 십만 원어치 엄마 잔소리 삼
판다고 한 적 없는데
선수 친다
이런 선수

그런다고 넘어갈 내가 아니지, 늦지마
노노 잔소리는 적당히 사양해욤
어이쿠, 꽃웃음을 보낼까
코웃음을
지을까

권영희 2007 《유심》 등단

거꾸로 자라는 새

김나비

처마 밑 날개 없이 매달린 서늘한 새
소리 없는 소리로 퍼덕이는 고드름
네 몸 속 어디쯤에서 세상은 얼어 있나

햇볕을 받으면서 거꾸로 키 세운다
날 수 없는 시린 새는 조금씩 자라나고
지붕엔 검은 소문이 차갑게 흘러든다

얼어가는 네 칼날은 바람 편에 있는 걸까
맑은 독 마시면서 시간을 가둘 때
풍경은 처마 그림자를 단단하게 두들긴다

솟구친 찬 겨울이 뜨겁게 녹아갈 때
온몸을 날리면서 폭발하는 투명한 새
애끓는 흔적 말리며 흔적 없이 날아간 너

김나비 2019 《부산일보》 신춘문예 등단

화요일花曜日

김남규

하늘은 필 듯 말 듯
손그늘에 드나들고
흘리듯이 말해도
서로를 흠뻑 적시며
떼쓰는
봄날, 봄의 날
소꿉놀이
허밍처럼

우리는 지는 사람
진다고 흔들리는 사람
저수지 한 바퀴 돌면
계절 하나 바뀌겠지
꽃나비
가만 내려앉듯
마음 툭 치는
일몰 한 점

김남규 2008 《조선일보》 신춘문예 등단

구십 도

김덕남

중심을 꺾지 마라 네 몸은 직립이야

뽀송송 물오르는 백화점 인턴인 걸

배꼽에 나란한 두 손, 하늘 향해 뻗어야지

억지로 웃지 마라 선거철이 아니잖아

돌아서면 뻣뻣한 목, 꾼들의 뒤태인 걸

구십 도 늪에 빠질라 마약같이 혼몽한

김덕남 2011 《국제신문》 신춘문예 등단

전봇대 둥지

김동관

16미터 지상으로 독촉장이 날아간다

철거명령 떨어진 집들은 허물어지고

고압선 딛고 선 하루하루 발목이 저려온다

김동관 2011 《나래시조》 신인상 등단

수레와 봄

김동인

나이 든 수레 하나 언덕에서 멈춥니다

십 대 아이 둘이서 앞과 뒤를 보탭니다

꽃 지는 어느 봄날의 삽화 한 장 봅니다

평온하던 봄날도 언덕을 넘습니다

올해도 봄은 지나치지 않았습니다

감동은 마르겠지만 기억은 남겠습니다

김동인 2007 《농민신문》 신춘문예 등단

'위기'設

김병락

부도 위기라는 말에 연민의 정으로
뭐 도와줄 게 있나, 이리 기웃 저리 기웃

어쩌나 저 즐비한 고비
썩 내키질 않네

길 건너 폭탄 세일 믿고 한 번 가볼까,
얼마나 안 팔렸으면 저럴까 싶은데

이 웬걸 문 앞만 북적북적
세일하고는 영 머네

유명 메이커 옷도 대량 방출한다는
창고 정리 현수막 쪽 발길을 옮겨본다

역시나 그렇고 그래
나도 위기에 섰네

김병락 2010 《시조시학》 등단

달빛이라는 의자

김보람

달빛을 맞으려 달을 부릅니까

달은 지구 위에 발바닥 모으고서

둥근 걸 견디는 표정을 구름 속에 묻습니다

밝아서 더 어두운 오늘의 흉상을

소실점에 몰아넣고 기우뚱거리는 의자

뜻 모를 응답이라서 밤늦도록 듣습니다

김보람 2008《중앙신인문학상》등단

석우도石牛圖

김석이

어디로 걸어가다 돌 속에 멈추었나
앞만 보고 가느라 꺾어버린 숱한 가지
돌올한 그 모양새가 부조로 들앉는다

우직함은 둘러메고 흔들림은 잡아매고
되새김질에 익숙해진 가파른 언덕배기
다발로
묶은 시간이
등골에 새겨졌다

가려 둔 반대쪽을 슬며시 끌어와서
배경으로 넣었다가 여백으로 채워본다

생이란
지나가는 것
한 장의 그림이다

김석이 2012 《매일신문》 신춘문예 등단

이등변 부부

김석인

부부로 사는 것은 삼각형 만드는 일
생각이 다를 때는 꼭짓점에 멈춰 선다
기울기 바라보면서 직립의 꿈을 꾸며

빗변이 늘어나도 밑변이 작아 봐라
좁아터진 바닥에서 숨 쉴 틈이 있을까
바람만 살짝 불어도 넘어지고 말 것을

좁아서 북새통은 넓어도 탈이 많아
제가끔 깜냥만큼 마름질을 하다 보면
마침내 깨닫게 되는 밑변의 존재 이유

김석인 2014 《동아일보》 신춘문예 등단

이른 봄, 찬비 내리고

김선화

한 열흘 죽도록 아팠다 일어나

어느 별에 착륙한 우주인처럼 거닌다

허공을 내딛는 걸음

중력이 옅어졌다

겨우내 침묵하던 뒤뜰 나무들 사이

발그레 피가 도는 꽃가지를 바라본다

찬비에 흠뻑 젖은 심장

뛰어라

펄떡이며

김선화 2006 《유심》 등단

지는 동백 앞에서 그리움이 자금거린다

김성배

한세상 미련일랑 갖지 말고 지거라
오십견 바람에 아파 말고 지거라
지고나 노을 각혈한
위미리에 취한다

홀로 남은 사랑도 내려놓고 가거라
허기진 마음 한 점 그대로 잘 가거라
뛔밋개 몸 푼 우수雨水비
바다는 안 젖는가

떠나는 그림자도 어여쁘게 지거라
동박새 울음에 젖지 말고 가거라
탐라가 다 떨어져도
두무오름 여전하다

김성배 2019 《서울신문》 신춘문예 등단

봄인 줄 모르고

김성이

봄볕
내린 한낮
앵두나무
가지 사이

반들반들
붉은 웃음
계집아이
달려 있다

두 볼이
발그스름한
봄인 줄도 모르고

김성이 2017 《시조시학》 등단

돛대도 아니 달고

김수환

달 있는데 어둠 온다.
환한 달밤, 어둠 오는데

저 검은 것들의 혓바닥, 검은 구멍의 우글우글한 생각들, 한 번만 안아보면 안 되겠니, 한 번만 안아주면 안 되겠어? 두 팔을 활짝 펴고 짓쳐 달려드는 밤이 있다. 해독이 불가능한 말, 알아들을까 겁나는 말들이 귓속으로 팔뚝을 쑤욱 찔러 넣고, 짚고 선 발 아래가 없어지는 밤이 있다. 오줌을 지리는 밤이 있다. 줄줄 새는 밤이 있다. 부글부글 끓어 넘치는 밤이 있다. 증발하는 거니, 사라지는 거니? 지상의 꽃들은 컹컹 짖고, 눈이 동그란 새들은 다시 오래도록 깜깜해지는 밤,

엉기고 헝클어지며 떠가는 밤이 있다.

김수환 2018 《경상일보》 신춘문예 등단

맥도날드 풍경

김영란

일요일 아침 시간
점심은 아직 먼데
서너 살 예닐곱 살
아이들 손잡고서
온 가족 햄버거 세트
아침일까 점심일까

쌀값도 죽이고
농민도 다 죽인다
일인당 쌀 소비
사상 최저 뉴스에도
국제화 지구촌 시대
알러뷰 맥도날드

김영란 2011 《조선일보》 신춘문예 등단

초록 심장

김영숙

며칠째 문이 닫힌
노부부의 울 안엔

끊길 듯 실외기 소리
적요를 휘저어도

마당은 깊어만 가지
인그리워 인그리워

봄부터 호박 줄기
울담 위로 올린 뜻은

잘 있다 걱정마라
세상과의 핫라인

흐노니 살랑바람에
심박수가 오르나

김영숙 2006 《시선》 등단

동지, 무점

김영순

시골이 늘 그렇듯 지치도록 무료하면
동짓날 또래들 모여 무 댕강 잘라놓고
저마다 속을 파내어 거꾸로 매달았다

무청에 꽃 피어야 시집 갈 운수라며
밤에는 자리끼도 몰래 한 잔 따라 놓던
처녓적 내 어머니도 손 몇 번 비볐을까

지나쳐 온 이름도 어느 순간 간절하듯
허공에 내린 꽃대 유턴하며 꽃 피운다
무 꽁지 깊어진 겨울
깊어지는 어머니 생각

김영순 2013 《영주신춘문예》 등단

상사相思

김영주

눈에서 사라지면 마음도 천리라는
참말 같은 그 거짓말 참말로 못 믿겠네
보냈다 생각했는데 비문처럼 어리는 너

눈뜨면 멀어졌다 눈감으면 다시오는
가슴 깊이 묻어둔 시들지 않는 네 생각
넝쿨손 뻗고 또 뻗어 내 속 온통 울울창창

물주는 이 없어도 기억은 자라나서
그 속을 헤집으며 새 움 또 돋아나네
슬픔은 길들지 몰라도
그리움은
아니네

김영주 2009《유심》등단

늪

김용주

텅 빈 맘 숨겨 놓을
늪 하나 갖고 싶다

땡볕도 아린 날엔
물안개 이불 덮고

왜가리 울대를 바라
갈증을 풀어내는

눈 귀 잎 다 닫혀진
늪 하나 갖고 싶다

아무리 찾아 불러도
왜가리 눈만 바라

천사의 날개를 깁는
시간 밖을 맴도는

김용주 2009 《시조세계》 등단

강남스타일

김임순

여닫지 않아도 삐걱댈 듯 강남미용실
영업 중 간판 아래 세월이 묶여 있다
확 풍긴 파마약 냄새 팔십년대 그 시절

신 내린 늙은 원장 가위 손이 널을 뛴다
침침한 시력 너머 앞서 가는 감각의 눈
옳거니, 제비의 고향 그 강남이 아닌가 봐

고객 만족 그 사이 잘려나간 머리카락
버짐 핀 거울 속에 맡긴 머리 산뜻하다
그래도 강남스타일 놀람주의 삼천 원

김임순 2013 《부산시조》 등단

동자 언니

김정숙

꽃은 떨어져 제 발등을 덮는다
불인 듯 눈발인 듯 삐약삐약거리듯
옷소매 걷어 부치며 철을 나던 그 여자

씨앗 몇 톨 거두느라 남모르게 까매진 속
꽃으로 지우는 건 또 어떻게 알았는지
눈 감아 백짓장 같은 저 날개의 존재여,

예쁘다가 곱다가 훨훨 아름다워지는 길

피고지다
서둘러 돌아가는 산자락에
다정만 남기고 떠난
꽃 이름을 묻었다

김정숙 2009 《매일신문》 신춘문예 등단

담쟁이

김지욱

들썩이는 함석문짝
신음소리 스며들고
굽은 골목길 안쪽
절룩이는 찬바람
담벼락 메마른 자리
새순 한 잎 보인다

갈피끈 걸쳐 놓고
넘기지 못한 몇 쪽
속으로 팽팽히 당긴
오랜 기다림 끝에
봄 볕살 넝쿨손에 내려
다독다독 다독인다

기척 없이 엎드렸다
문득 고개를 들자
파르스름한 손길이
허물을 걷어낸다
풀빛에 새살 오르며
말문 터진 담쟁이

김지욱 2018 《한국동서문학》 등단

소쩍새 운다

김진숙

소길리 밤의 뜨락에 소쩍새가 또 운다

서·쪽 서·쪽 살피다가 산·쪽 산·쪽 부르며

무자년 잃어버린 마을 솥단지를 찾나봐

팽나무 혼자 남아 지켜낸 마을 어귀

돌아갈 집을 잃은 앙상한 영혼을 위해

아직도 그곳에 남아 소쩍새가 우나봐

김진숙 2008 《시조21》 등단

노도

김현주

고요가 혼자 앉아 동백꽃잎 헤고 있는

서포 만중 낡은 초옥 새소리도 핏빛이다

파도도 넘기지 못하는 구운몽만 펼쳐둔 채

김현주 2018 《부산일보》 신춘문예 등단

마음 속의 풍선*

김혜경

아련한 선율을 타고
꿈길에 나서네

잡힐 듯 잡히지 않는
꽃 시절을 찾아가네

꽃잎에 나비 내리듯 들판을 사분대네

분홍빛 토끼풀꽃
헤적이는 열여섯 살

두 송이 꽃을 엮어
풀꽃반지 끼우네

두둥실 쉰 살 소녀가 풍선처럼 떠가네

*〈권정구 작품집1〉에 실린 곡

김혜경 2015 《시조시학》 등단

정 나타샤

김희동

할머니 고향 찾아 돈 벌러 온 정 나타샤
카자흐스탄 남편 두고 어린애도 떼어 놓고
주야간 공장 다니며 프레스를 밟는다

원룸 계단 오르면서 푸념 섞어 말 말하는 듯
"사장님 힘들어요" 얼굴에 쓰여 있고
한 달 치 월급 중에서 살점 떼어 방세 낸다

떠나온 가족에게 전화하는 늦은 밤중
머잖아 이곳에서 함께 살 수 있을 거란
하나도 못 알아듣는 말 쪽창으로 새어난다

김희동 2007 《월간문학》 등단

마흔 아홉, 봄

나민건

맥락 없는 슬라이드
얕은 잠 비집고 들어

엔딩은 간 데 없고
알람 소리 가파르다

아홉수
뒷덜미에서
서늘하게 흐르고

꼬리 무는 생각들이
평행하는 시선 당겨

살 오르는 생가지
습관처럼 반기는데

시멘트
경계석 틈으로
제비꽃이 벙근다

나민건 2015 《시조시학》 등단

참깨를 볶으며

두마리아

깨 볶던 때가 있었지 먼 기억 속 젊은 날
알콩달콩 고소했지 이젠 꿈처럼 가물가물

세월이
지나온 자리
소금기만 씁쓸하다

데면데면 식구로만 굳어진 사람아
내 오늘 팬을 달궈 깨를 볶으려 하네

불꽃이
탁탁 튀어 오르던
그 열정 찾으려 하네

두마리아 2017 《좋은시조》 등단

쑥국

류금자

어쩔거나 올봄도
또다시 너를 캔다

양지쪽 밭두렁에
먼저 온 봄의 입김

한사코
갈금 낸 손길
쑥의 살점 뜯는다

쑥국 된장 향기가
집안 가득 풍기고

도란도란 둘러앉아
봄소식을 나눌 때

밭두렁
살 오른 봄빛
흙냄새도 따라왔다

류금자 2015 《시조시학》 등단

작약꽃 필 무렵

류미야

쓸쓸한 저녁이야 곧 오고 말 테지만

밤 모르는 아가들 함박웃음
피고

설움도 모르는 오월은
환호작약

꽃 한때

류미야 2015 《유심》 등단

목각인형극

류성신

온몸 실에 매달려 타박타박 걸어 나온
요양원 무대 위에 부채든 한 할머니
가루분 화사한 얼굴 옷자락만 살랑인다

고수의 북장단에 아니리 어눌한데
마음속 골골 박힌 응어리를 푸는 걸까
부챗살 접었다 폈다 울컥울컥 토해낸다

열여덟에 시집 와서 아들 넷 낳아놓고
천수답 일궈가며 허리 한번 못 피더니
덩더쿵 자진모리장단에 어깨춤 절로 일어

코줄 목줄 의지한 채 휘우듬 흔들려도
굳은 듯 멈춰버린 길 끝의 시간들이
줄잡이 빠른 손놀림에 째깍째깍 흐른다

류성신 2019 《시조시학》 등단

임플란트

박미자

당신의 빈 자리가 이렇게 크다는 걸
진즉에 알았다면 시행착오 없었을 걸
되돌려 다가간다면 붙박이로 살 것을

원래 있던 자리를 가차 없이 밀어내고
어설프게 다가와선 염치없이 들어앉네
부푸는 그 헛헛한 시간 의연하게 지켰다

처음엔 삐걱대며 퍽이나 낯설었지
다독다독 어르면서 아귀가 맞아질 즘
기나긴 사투의 날들 소롯하게 눈 감았다

박미자 2009 《부산일보》 신춘문예 등단

이산離散의 달

박방희

명월이 늙지도 않고 천지에 가득하다

보듬는 꿈은 하나인데 근심은 만 갈래라

南北의 아리는 꿈을 올올이 다 비추네

박방희 2009 《유심》 등단

소낙비의 배후

박복영

세상의 눈물은 쉬, 지지 않는다

빨랫줄에 걷지 못한 노모의 흰 저고리

서럽게 소낙비에 젖는다, 가난처럼 맞는다

속 환히 젖을 듯이 반 접혀 걸린 채로

새하얀 가슴에 멍든 설움 박히듯이

견뎌온 한 평생이 운다, 징허게 목이 쉰다

비 그쳐도 뚝,뚝 듣는 설움을 보는 구나

끝내 남은 못다 한 말 악착같이 배어나온

저 눈물, 소매 끝에 스민 언젠가 울음이다

박복영 2014 《경남신문》 신춘문예 등단

적란운積亂雲

박성민

꿈결처럼 누가 자꾸 부르는 것 같아서
뒤돌아본 저녁마다 꽃불 이는 능소화
전생의 폐가 한 채가
다시금 불을 켠다

지금은 간신히 당신이 잊힐 무렵
진양조로 감겨드는 통증이 우련하다
온밤을 사무치도록
들썩이는 번개의 뼈

박성민 2009 《서울신문》 신춘문예 등단

물고기자리

박진형

아홉 달 자궁에서 꿈을 꾸던 물고기
비늘 없는 살갗에 양수가 스며들 때
별자리 돋친 지문에 소금꽃이 번진다

어머니와 나 사이에 탯줄이 사라진 날
투명한 눈동자에 비치는 별 서러워
손끝에 닿을 수 없는 거리만큼 가맣다

내 안에 잠들었던 물고기가 깨어나면
별이 된 어머니가 하늘에서 쏟아져
심장에 물고기자리 또렷하게 새긴다

박진형 2019 《국제신문》 신춘문예 등단

봄, 밤,

박해성

노는 건지 쉬는 건지 나조차 알 수 없는
권태를 잠그려다 나사를 잘못 돌렸다

안개가 흘러나왔다
흘깃 열린 시간 속에서

벽을 치며 울던 사내와 달아날 걸 그랬다
달빛아래 목련을 낳아 젖이라도 물려볼 걸
가슴을 치던 여자도 다시 오지 않는 이 봄,

오지 않는 것들은 그만, 기다리지 말자는데
잠글 수도 풀 수도 없는 어둠이 숨 막혀서

터질라, 왼쪽? 오른쪽?
생의 뇌관을 만지작대는

박해성 2010《동아일보》신춘문예 등단

달항아리

박화남

울엄마 둥근 집에
나홀로 들었을 때

달의 젖을 먹였던가
나도 따라 둥글어져

배꼽의 가장자리가
뽀얗게
물결진다

박화남 2015 《중앙신인문학상》 등단

길례네 겨울

배경희

끝없이 나뭇잎을 골목에 몰아넣고

가지를 부러뜨린 건 바람의 짓이었다

떠나라 독촉하지만 꿈적도 않는 길례네

변명이 파랗게 질려 바닥에 얼어붙고

저녁의 냄비 속에 공복을 찌고 있지만

슬픔의 옆구리에서 뿌리 하나 움튼다

고삐 쥔 바람 속 방향을 잃을지라도

윗목 고구마에서 싹들이 돋아나듯

길례네 회색 담벼락, 햇빛새들 날아든다

배경희 2010 《서울신문》 신춘문예 등단

수수밭 바람

배영근

그늘 속으로 숨는다 허리 휜 햇살 풍경

멍자국을 내고 간다 새들이 날아와서

수숫대 이파리들이 핏자국을 묻힌다

배영근 2013 《시조시학》 등단

엄마의 봄날은 온다

배우식

중풍 걸린 울 어머니 울먹울먹 걸어간다.
그 누구 어디서라도 마음껏 울 수 없어
참나무,
그 속에 들어가 장착한 울음 폭약.

날카롭고 예민해진다, 문득 나는 칼끝처럼.
파닥파닥 적막 쓸고 날아오는 한 무리 새 떼,
가지에
사뿐 옮겨앉자 햇빛도 따라 내린다.

나무마다 번져가는 햇살 지핀 저 도화선,
새소리에 놀란 가을 얼떨결에 불붙인다.
울음은
일시에 터져 저문 산이 붉게 탄다.

단풍잎 하나하나 벌건 눈빛 나를 본다.
섬기지 못한 죄를 뉘우치려 절을 하자
합장 속,
촛불 건듯 일어 눈물 뚝뚝 떨군다.

배우식 2009 《조선일보》 신춘문예 등단

짖는 게

백점례

물도 뭍도 마디마디 만만하진 않았다

형세는 진격 아닌 옆으로만 기라한다

열개의 발톱을 저어 꼬리 치듯 날까보다

거품을 왈왈 물고 등딱지 방패 쓰고

뒤집히지 않으려고 눈자루 겨누는 길

허물을 몇 번 벗으며 온몸으로 짖었다

백점례 2011 《매일신문》 신춘문예 등단

공포스러운 사랑

변현상

두 개의 스킨십이 힘으로 와 독촉한다
'안 돼! 안 돼! 뛰면, 안 돼!'
'뛰어! 뛰어! 증명해봐!'
더 높은 번지점프대 소마소마 서 있을 제

힘 1과 힘 2의 두근두근 쌈박질을
어깨를 토닥토닥 달래며 돌려놓다
얼마나 좋아하는지 직접 봐라! 몸 던질 제

뜨거워도 안 만나면 싸늘하게 멀어진다
얼마나 불타는지
껴안고야 알게 되지
매단 몸 끌어당기는 이 무시무시한 사랑!

변현상 2009 《국제신문》 신춘문예 등단

원탁 거울

– 방화수류정에서

서정화

가시 빛 끌어안고
길어 올린 꿈의 뼈대

볕 누린 숨결 마다
핏빛 노을로 꽃은 피어

붉은 물
비리고 비린
쇳소리가 진동한다

비 내린 뒤 표백되는
잉어바람에 물결 돌아

하늘 흔들며 온몸 치고
희게 울다 사라진 맨발

별 대신
유혈로 핀 얼굴*
기도처럼 무겁다

*김양화(1897. 7. 16.) : 3·1 운동이 일어나기 전 수원기생들은 고종황제가 돌아가심을 누구보다도 슬퍼하며 대한문 앞에서 망곡을 하고, 1919년 3월 29일 자혜의원(현 화성행궁 봉수당) 앞에서 '대한독립만세'를 소리 높여 외쳤다. 이때 수원기생 30여명을 이끌며 일제의 총칼에 항거하며 만세를 부르다 체포되어 징역 6개월의 옥고를 치렀다.

서정화 2007 《나래시조》 등단

품격

서희정

삼십여 년 재봉틀질 어이 흉내 낼까마는
바늘에 북실 걸어 또르르 달려간다
일곱 빛 천을 잇는다 울 엄마 꿈 조각을

겉눈질로 배웠으니 서툴기 짝이 없다
손과 발이 맞아야만 박음질이 똑 고른데
바늘이 몇 번씩 튄다, 어깃장 놓는 듯이

가끔씩 그 바늘이 손가락을 찔러대고
세상에 쉬운 일은 어디에도 없다시는
울 엄마 잔소리 모여 내 꿈이 이어진다

좀 더 피가 뜨거울 땐 무엇에도 겁이 없어
뭐든지 달려들면 내 차지라 믿었는데
쉽게만 생각한 틀질, 만만치가 않구나

지금 생각하니 모든 것은 때가 있지
무심히 놓친 일들 새삼스레 부끄럽네
아직은 손바닥 만한 조각보 같은 내가

서희정 2017 《한라일보》 신춘문예 등단

동행

성길란

밤 잠 잘 자고 아침 밥 잘 먹고
설거지 마친 아내에게 아지매 누구신교?

쉰 몇 해 함께한 시간
무효처리 되는 아침

생략된 겸상 위에 풍화된 단어들이
수용도 거부마저 아무것도 할 수 없다

전화기 붙들고 운다
목소리는 숨겨두고

만나 눈부셨고 눈부셔 휘청였다
폭염도 그러려니 혹한 또한 그러려니

하지만 이유도 없이
이유 없이 지워지는

성길란 2012 《시조시학》 등단

풀빛 이마

송유나

취준생 앳된 눈빛 그늘 서린 다락방에
밤새껏 쓴 계약서만 선을 긋고 나뒹군다
최저가 최고가 되는, 줄 하나에 멈춰 있다

추운 겨울 한데서 핀 한란처럼 쓸쓸하다
손 시려도 버텨내는 그 씁쓸한 뒷맛처럼
오롯이 혼자서 서기엔 슬픔처럼 높은 돌담

풀빛 이마 번득이는 구인광고 집어 든다
귀를 닫고 길을 막고 제 자리에 맴돌 뿐
주인도 허리 굽은 채 지팡이만 휘젓는다

송유나 2008 《월간문학》 등단

노루귀꽃

신준희

햇살의 하얀 솜털

어렴풋한 시의 첫 줄

비밀번호 난 몰라도

문을 여는 노루귀

차가운

불길 속에서

내 발길을 잡았어

신준희 2018 《동아일보》 신춘문예 등단

그 저녁

심인자

저녁의 시린 발이 다가오다 멈춘 사이
그 안을 들여다보는 버릇이 깊어간다
내 생은 어디쯤 일까 한치 앞 모르는 길

심장에 펄떡이는 조급함을 애써 누르면
서천으로 퍼져가는 헐거운 생의 무늬들
여기 쯤 멈춰 주어야 고통 접을 그런 날이

불 속 저린 발을 시린 발로 덥힌다
눈앞에 사그라지는 연극 같은 무대들
꿋꿋이 버티는 오른쪽
왼손으로 싸안는다

심인자 2012 《오누이시조》 신인상 등단

봄꽃

안주봉

열어라 닫을 테다
볼모잡힌 우리 아이

유치원 노란 버스
갓길에 멈춰 서자

경칩에
개구리 뛰듯
추위 뚫는 개나리

활짝 핀 벚나무 곁
반짝 연 산부인과

만삭엄마 손을 잡고
나무 밑동 차는 아이

흔들려
흩날리는 꽃잎
축복인 듯 같이 맞는

안주봉 2012 《시조21》 등단

철새는 날아가고

양희영

어느새란 철새
선달 초하루 날아와

열두 달 나뭇가지 있는 대로 흔들며

도대체
왜 이러고 있니
가슴 콕콕 쪼아댄다

이럴 걸 저럴 걸
또 그럴 걸 중얼대며

하나라도 이룰까, 기를 쓰고 울다가

그믐날
새해를 향해
날아간다, 어느새

양희영 2017 《좋은시조》 등단

2월 눈이 내린다

엄정화

재미 없는 소설처럼 엄마는 TV 보시네
자정을 알리는 시내버스는 휑 가버리고
한때는 복작이던 거실에 이 겨울이 떠나네

어둔 눈이 골목골목 쌓이기 시작인데
무겁고 어린 딸은 더디게 오려는지
눈 내린 지붕, 엄마는 소파에 앉아 계시네

엄정화 2017 《한국동서문학》 등단

봄날 기적

오승희

생강나무 미선나무 사소하게 꽃피고
진달래 꽃물 들어 산기슭 설레는 일

물오른 나뭇가지에 제 모습 빚어지는 일

언 듯 풀린 숲언덕에 호랑지빠귀 휘파람새
하늘길 잃지 않고 용케 찾아오는 일

내 맘에 깊이 심은 너, 다시 피어나는 일

오승희 2013 《유심》 등단

모리재*에 서다

유선철

북풍에 흩날리던 봉두난발 추스르고
의관을 정제하며 다소곳이 앉은 고택
한갓진 산기슭에서
매화 향기 듣는다

사립문 닫아걸고 별자리 우러르며
안으로 맺힌 멍울 어르고 삭인 날들
노을은 담장에 누워
또 얼마나 울었을까

맨발의 억새처럼 벼랑을 딛고 서서
몸으로 획을 그은 담담한 저 수묵화
선비의 푸른 결기는
사윌 줄을 모른다

*병자호란 때 척화파인 정온이 자결에 실패하고, 고향인 거창에 돌아와 은거했던 곳에 유림들이 건립한 재사(齋舍)

유선철 2012 《경남신문》 신춘문예 등단

천년의 그릇

유순덕

침묵의 산 올려보다 눈이 따가운 하오 두 시

뻥 뚫린 굴문屈門들자 겹겹 쌓인 냇돌들이

천마총 융단을 깔고 지나온 길 되묻는다.

금관 아래 옹이 자국 생채기 난 저 얼굴

천 년 전 묵은 바람, 그릇 오롯 올려놓고

반지 낀 손가락 끝은 호미곶을 꿈꾸는가

오늘은 나, 동쪽 향한 길 위 가만 눕는다

자오록 발이 아픈 안개 섬 물길 돌아

한 팔을 불쑥 내민다 푸른 햇살 쥐어본다

유순덕 2016 《서울신문》 신춘문예 등단

신발을 벗다

유헌

신 신고 벗는 일은
꽃이 피고 지는 일

눈 맑은 강물이
아래로 흘러가듯

날마다 허리를 굽혀
내 생을 받드는 일,

온 몸을 떠받쳐온
다 닳은 내 신발이

발자국 지워가며
환승한 서녘의 숲

오동꽃 그늘에 드니
천추가 일각이네

유헌 2012 《국제신문》 신춘문예 등단

겨울 독백

윤경희

빌딩 뒤를 돌아가면 지워진 하루가 산다
누군가 겹겹이 쟁여 놓은 빈 박스들이
서로를 부둥켜안은 채 실업의 밤을 새고 있다

한참을 문 닫은 침묵의 가게 앞엔
어쩌면 볼 수 없듯 마지막 인사 같은
현란한 네온사인들이 수일을 문상 중이다

강경의 언어들이 폐업의 띠를 두르고
이 골목 저 골목 따라 전염병처럼 번진
힘겨운 현실을 앓는 도시의 밤은 무겁다

길모퉁이 카페엔 24시간 커피가 끓는다
청춘들의 미래가 커피 향에 절여지고
답 없는 논쟁의 칼날에 하루가 지워져간다

윤경희 2006 《유심》 신인상 등단

경의선 숲길에서

윤은주

개울물에 발 담그면 어릴 적 고향생각
어스름 녘 냇가에서 미역 감던 여름날이
버스가 지나갈 때면 당황하여 잠수 탔던,

그 생각에 꼬리 무는 저 노부부 발걸음을
바람과 풀꽃들이 갸웃대며 응원한다
더디게 걸어갈수록 잡은 손을 꼭 쥐는

이쪽에서 건너보니 마음에 이는 물결
어쩌면 우리들의 내일 모습 아닐까
젊음은 손님과 같이 잠시, 왔다 가는 것

윤은주 2015 《매일신문》 신춘문예 등단

바람의 노숙

윤진옥

한때는 부지런히 먹이 물어 나르던 부리

구조조정 난기류에 실직의 부레를 타고

늦은 밤 빈 전철선로 야윈 들쥐 숨어든다

온정의 지폐 한 장 가슴 뭉클 젖는

시간을 갉아대며 목울대 조여 오고

흐릿한 보름과 그믐달 그 경계에 부는 바람

땟국 절은 걸음 떼며 화석처럼 길을 간다

이승의 시린 노숙 너덜너덜 파문 지는

어둠의 뼈를 추슬러 맨발로 오는 아침

윤진옥 2012 《시조문학》 등단

뒤돌아 걷는 바람을 불러 세웠다

이가은

신발을 신겨 주고 싶었어, 그뿐이야
너랑 나랑 같은 걸 한 짝씩만 나눠 갖자

서늘한 반쪽이라도 온기는 온전하지

자꾸만 벗겨지는 감정을 발로 배웠어
그래서 매일같이 걸어가고 있구나
맨발과 신발 사이에 절룩이는 발 되어

부족할수록 더, 더 부족해지고 싶어져
저 혼자 방향이나 바꿔 보는 허공처럼
묶으면 풀려 버리는 리본 같은 리듬으로

우린 왜 늘 바람이 불어온다 말할까
어디서 시작됐는지 알지도 못하면서

입김을 후, 불면 잠시 멈칫하는 티끌들

이가은 2016 《중앙신인문학상》 등단

빌라 앞 작은 정원

이경선

던져진 구두 한 짝 허옇게 뒤집혔다
뒤집힌 구두 굽은 한쪽으로만 닳아 있다
한쪽만 닳은 굽창이 휘어진 낮달 같다

달보다 창백한 굽창이 걸어온
굽창보다 오래된 골목 담벼락의 뜯긴 한숨
구두는 주름진 길을 놓아주지 않는다

이경선 2019 《경남신문》 신춘문예 등단

그랬다

이광

늘 있을 줄 알았던 전기가 훅 나갔다

엎드린 초 일으켜 불붙이자 내쉬는 숨

아늑한 불빛의 움막 고즈넉이 깃들인다

어둠이 주는 침묵 귀 쫑긋 세운 촛불

전쟁 같은 신도시에 정전이 이뤄진다

까마득 잊고 지냈던 평화가 잠시 왔다

이광 2007 《국제신문》 신춘문예 등단

무엇이길래

이나영

커서가 깜빡이자 허물을 벗는 말들
한나절 멈춰 있다 물 잔도 비어있다
내뱉는 날숨마저도 미세먼지 가득한

단물만 감지하던 나른한 혓바닥을
온종일 굴려본다 기도하듯 절절하게
손끝에 닿는 것만이 미더운 건 아니라고

침이 고이기 전에 감각을 놓치기 전에
단호하게 가부좌 튼 생각의 갈래 속에
받아든 한 줄 문장에 실핏줄이 번져든다

이나영 2014 《매일신문》 신춘문예 등단

고시원을 아시나요

이남순

외짝만 모로 누워 타다만 신발 위로
바람결에 낙엽 몇 장 조문하듯 엎드린다

늦비에 시들어가는 국화꽃을
닮은 남자

아빠가 봄이 오면 선물 들고 가겠노라
간밤에 어린 딸과 철통같이 했을 약속

달력에 빗금 그으며 일당을
적던 남자

창 없는 쪽방에서 새우잠을 자면서도
한 푼이 아쉬워서 등졌을 고향하늘

공사판 국밥그릇도 다 채우지
못한 남자

이남순 2008《경남신문》신춘문예 등단

우두커니

이남희

실루엣 같은 봄 햇살 산마루 에워싸고
비문을 읽는다. 오누이 행전 따라서
굴레를 벗고 선 누이 푸른 산빛 깨친다

화마 속에 꽃피운 의로운 우애는
역사의 뒤란에서 뒤척이다 들추어져
낡삭은 의자이랑묘비* 오백 년을 깨운다

홑이불 한 자락 호수처럼 둘러쓰고
무너진 시선은 함초롬히 젖어 있다
산벚꽃 눈부시도록 흩날리는 즈믄 날

*의자이랑묘비: 대구 달성군 가창면 냉천리 소재

이남희 2014 《시조시학》 등단

말 위의 말

– 뛰는 놈 위에 나는 놈

이두의

혓바닥 서리 칼이 수시로 날름대며
제 속살 비틀어서 쏟아내는 말과 말들
그 곁을
지나던 바람
듣기에도 민망한

새빨간 네 도리질 눈 감아 속아줄까
겹치는 울음 사이 숨어드는 푸른 서슬
호박씨
까지 말아라
덩굴째 걷어질라

겉과 속이 너무 다른 고단수 뒷담화가
줄기를 길게 뻗어 내 귓전에 딱 걸렸다
빠르게
그 속을 읽은
바람이 한 수 위다

이두의 2011 《시조시학》 등단

길고 흰 구름의 땅이 손짓하면, 갈게

이명숙

어쩌면 수 세기 전 나는 탄생했을라
어쩌겠어 맘 한 잎 몸 한 채 비롯된 곳
어여쁜 전설 하나쯤 당연하지 않겠니

불의 섬과 얼음 성 아오테아로아* 숨소리
루아타푸 동굴에 돌 던지고 널 빌까
지구도 딸꾹질하다 숨을 놓친 거기서

어쩌다 동녘 하늘 실밥처럼 매달려
우울조차 게으른 익은 꽃잎의 나날
잎 지고 너마저 지고 꽃그늘도 놓치고

꽃구름 양떼구름 실구름 새털구름
파란 하늘 언저리 뭉게뭉게 너였어
소년아, 인연의 바람 몰고 가는 목동아

* 아오테아로아AOTEAROA: 길고 흰 구름의 나라 라는 원주민 마오리말

이명숙 2014 《영주일보》 신춘문예 등단

약육강식
– 일몰

이서원

삼키다 만 대가리가 반쯤 걸린 목구멍

발버둥치는 뒷다리 허공을 휘젓는다

붉은 피 뚝뚝 떨어지는 생과 사의 결투!

이서원 2008 《부산일보》 신춘문예 등단

원, 圓, 願, Want

이소영

뾰족한 마음이 셋이면
삼각형이야
모가 난 마음이 넷이면
사각형이지
뾰족한 마음이 없으면 원
그래서 모두 원-하는구나

이소영 2014 《유심》 등단

자목련 백목련

이승렬

피 흘려 목 떨구었던,
앞서 간 세례요한

무구의 순교자
마지막 타는 혼불

백목련
저 백목련은
순백의 배경이다

이승렬 2013 《대구문학》 등단

대머리 까치

이은주

시장 통을 접수한 까칠한 까치 두 마리

수시로 관리하듯 근처를 낮게 날며

가게 앞 웅크린 봉지 제 몫인 양 달려든다

시체 같은 쓰레기에 머리 박고 살다 보니

꾀죄죄 기름지고 검은 털은 듬성듬성

허기를 쪼아댈수록 이마가 희끗하다

이은주 2014 《시조시학》 등단

노고단

이정홍

달궁골 민박 아줌마 숨겨논 사랑 있었네 그 뉜들 품지 않으랴 뉘라도 마다지 않네 오지랖 넓은 운해를 골바람에 딛고 섰네.

화전민 천 씨 숯쟁이 방 씨 찾아든 구천골 그 아들 농군 아무개 손자 막일꾼 구천골 노곤히 이어간 산길 끈질겨서 슬픈 구천골.

반야봉 누운 능선 드나들며 흘린 말들 선불 맞은 짐승마냥 쫓기고 부대낀 것들 이 보소, 피 토한 울음 진달래 철쭉 꽃물들.

이정홍 2009《경남신문》신춘문예 등단

제비

이지수

건물주가 조물주보다
무서운 걸 모르나봐

월세 높아 장사 접은
치킨집 간판 밑에

겁 없이 집을 짓는다
그것도 무허가로

이지수 2019 《열린시학》 등단

헛제삿밥

이토록

산 사람 죽은 사람 나눠 먹던 밥이다

날마다 기일 같아
저승 허기 찾아오는

지금은
산 사람끼리도
헛자 붙여 먹는 밥

제삿날 멀리 가는 걸신들 모셔 와서

숟가락 다 돌려도
죄 안 되는 밥이다

그 끼니
미리 받아서
혼자서도 먹는 밥

이토록 2017《열린시학》등단

시나위

이현정

첫 음을 감아올려
청을 맞춘 나팔꽃에

봉숭아 수줍어도
장구재비 한몫하고

자줏빛 패랭이 돌기
잘박으로 화답한다

백일홍 붉은 맨살로
혼미하게 젓는 사위

늘어져 다스리는
능소화 진양장단

무반주 제 몸빛으로
무아지경 아물리는

이현정 2018《중앙신인문학상》등단

화서花序

이화우

침묵이 익숙할 즈음 새재를 관통하였다
새순을 꺾을 때는 몰랐던 쓰린 상처가
숨기다 확, 피어나는 꽃차례를 닮았다
4월은 이렇게 한차례 몸 지나서
결국, 더 폭력적인 열병을 놓아두고
여전히 터널 속으로 흘러들고 있었다
곡비의 체험을 상실한 우리는
이 봄의 절정을 서로 보며 묻지만
핏빛이 다 붉지 않음을 깨닫지는 못했다

이화우 2006 《매일신문》 신춘문예 등단

겨울 실루엣

이희영

회전문 여는 순간 쑤셔오는 무릎 관절
한 쪽 어깨 사뭇 처진 동류항 사람들이
곧은 벽 그 한 모퉁이 허물어진 고성 같다

연못을 태질하던 돌풍의 생채기도
안간힘 버텨왔던 척추 5번 디스크도
자기장 과녁 안에서 낱낱이 스캔되고

여울진 굽이굽이 좌판 벌인 오후 네 시
손때 묻은 진열품들 호객행위 생각 없고
두세 명 끄덕인 고개, 웃음마저 물빛이다

이희영 2017 《시조시학》 등단

고양이의 언어

인은주

고양이는 고양이를 본 적이 없었다
개 집으로 굴러온 새끼 적 그 날부터
창고는 개와 고양이 둘만의 섬이었다

개 품에 안긴 채 갸르릉 갸르릉
그녀의 목소리는 자라나지 않았다
꽃들이 그녀의 집에 피어난 적 없듯이

말 없는 눈빛이 질문을 하는 동안
노란색 줄무늬가 혀처럼 짙어졌다
그녀의 접힌 꼬리는 해독이 불가했다

인은주 2013 《시조시학》 등단

똥집

임덕규

누가 카더노
사람이 만물의 영장

닭똥집 먹는 자도
아무개 똥집 안 먹는다

평생을
몸보신한 몸
세상 뜨자 무덤덤

장차 구더기가
파먹을 얼굴이지만

정성껏 화장하는
여인의 마음을 본다

닭똥집
오므리는 입
그녀가 예쁘다

임덕규 2013 《대구문학》 등단

꽃마니

임채성

심마니 삼을 찾듯 꽃을 좇아 꽃마니라
아내 몰래 할부로 산 카메라 둘러메고
꽃 앞에 납작 엎드린 꽃마니가 있었네

야생의 꽃을 탐해 야생으로 사노라며
해돋이 해넘이를 마른 숲에 묶어 두고
뭇 꽃과 눈을 맞추는 꽃마니가 있었네

노루귀 처녀치마 앉은부채 얼레지까지
그 싹 행여 밟을세라 고승 같은 걸음발로
본 꽃도 보고 또 보는 꽃마니가 있었네

성에 낀 가슴 속에 못다 일군 꽃밭뙈기
홀로 피는 봄꽃처럼 도시를 멀리한 채
꽃잎에 술을 따르는 꽃마니가 아직 있네

임채성 2008《서울신문》신춘문예 등단

어머니의 봄

임태진

어머니 입원하신 병원을 나오다가
보았네, 허공에서 눈처럼 흩날리는
벚꽃의 그 몸부림을 마지막 뒷모습을

오는가 싶더니 어느 새 멀어지는 봄
꽃 떨어진 자리마다 아쉬움 수북한데
떠나네 손을 흔드네 하마 이별이라네

구순노모 가슴에도 봄이 다시 찾아올까
몸속에 암덩이를 덕지덕지 달고서도
가녀린 그 생명줄을 끝내 못 놓으시네

난분분 꽃눈 맞으며 그림이 되고 싶네
젊은 날 어머니와 나 웃는 모습 그대로
한 폭의 수채화 되어 봄으로만 살고 싶네

임태진 2011 《영주일보》 신춘문예 등단

시간
– 矢幹, 屍諫, 時間

장금석

화살의
몸체 되어
날아가는 대궁아

왕에게
간언하라
죽기를 각오하고

오늘이
마구 떠내려가는
저 개울
어찌할거나

장금석 2017 《시조시학》 등단

그 국밥집

장영심

결혼식 안 올려도 아들 하나 딸 하나
그마저 모자라서 세 명 더 입양했다는
TV 속 그 국밥집에 나도 한번 다녀왔다

삐걱이는 탁자 끝에 깡마른 손님 두엇
끓는 냄비 그냥 두고 어찌 그리 떠났을까
마흔 살 되기도 전에 왜 서둘러 갔을까

열여덟 살 소녀가장 숭숭 써는 세월 한켠
우리도 다섯 남매 아버지는 떠났지만
산천단 요양병원을 오늘은 꼭 가야겠다

장영심 2015 《시조시학》 등단

숲, 물들다

장은수

낯선 듯 물소리가 우두커니 숲을 본다
북한산 가파른 성벽 축축한 은유가 덮고
익숙한 연두 젖가슴 날마다 들썩인다

은밀한 바람이 덖은 이끼 낀 바위 틈새
나선 같은 오솔길을 걸어간 발자국들
먼 숲의 적요를 깨고 하늘이 요동친다

자욱한 골안개가 능선 아래 잦아들고
나뭇잎 갈피마다 바람소리 무두질할 쯤
어긋난 뼈마디 사이 봄빛이 차오른다

장은수 2012 《경상일보》 신춘문예 등단

동백꽃, 지다

장태경

갓 피자 봄비에 투둑, 떨어지는 붉은 꽃
꽃심 싸안은 채 미련 없이 뛰어 내리다
논개의 새붉은 치마
남강을 뒤덮은 듯

순결한 꽃빛으로 막 피던 흰 동백
손 대자 떨어져 누워 숫눈같이 쌓이네
태극기, 그 품에 묻힌
관순의 흰 저고리!

꽃샘잎샘 바람에도 떨구지 않던 겹꽃
질기고도 질긴 꽃 할머님 옷고름일 줄
이우는 연분홍 꽃잎
선 채로 바래어 간다

장태경 2015 《대구문학》 등단

무상無常

전보규

한 세월 마주 앉은 완행열차 삼등석에
객담도 널어놓고 시름도 꼬치*꿰며
오던 길 뒤돌아보니 아지랑이 가물가물.

낚시에 걸린 사연 쥔 목줄 차마 못 놔
한바탕 실랑이로 폭포수에 풀었더니
가는 곳 묻지도 않고 쉬이 떠난 에인 정.

움트던 가지마다 어느새 낙엽 지고
잠 설친 새벽 별은 하나 둘 자리 뜨니
먼동이 싹튼 하늘엔 밝아오는 아침 해.

*꼬치: 음식물이나 물건을 꿰는 꼬챙이

전보규 2016 《시조문학》 등단

사이

정백락

밖에 내리는 비에
안에 젖는 네 생각

밖에 부는 바람에
안에 나는 꽃잎 너

너와 나
아득해 가까운
두근대는
그 거리

정백락 2019 《시조시학》 등단

허물어진 봄

정옥선

울며 씹던 사과 한 조각

목구멍에 걸린 듯

그 이의 말토막이

가슴에서 덜컥거린다

목련은

허물어지고

발자국도

끊어졌다

정옥선 2014 《시조시학》 등단

여자의 시간은 정각이 아니다

정지윤

거울 속 속눈썹이 파르르 떨려오고
새로 산 원피스가 바람에 흔들린다
그녀가 먼저 도착한
구두를 지켜보는 뒷문

고양이 한 마리가 정각을 넘어간다
정각을 약속했지만, 진심은 조금 너머에
연애는 시침을 떼고
초조를 즐긴다

정확한 시간들은 너무나 사무적이야
여자는 약속이 무겁고 시계는 두근거린다
정각을 사이에 두고
마음이 건너가는, 오 분

정지윤 2016 《동아일보》 신춘문예 등단

부지깽이 나물

정진희

가슴 속 불이 꺼진 어머니의 날들이
처마 끝에 매달려 덜컥이던 그 새벽
등짝을 뜨겁게 달구는 고춧대 타는 소리

차마 뱉어내지 못한 목울음 하나가
문풍지에 끼인 채 바람에 야위고
수랑골 빈 솥에서 끓던 가난한 눈물 한 섬

느 아부지 가슴에 불잉걸이나 될 걸 그랬다
반쯤 남은 연민으로 불 헤젓던 부지깽이
어머니 아픈 명치에
그래,
그래,
그 나물

정진희 2017 《동아일보》 신춘문예 등단

플로랄 폼floral foam*

정희경

불 꺼진 빈 방들이 하나 둘 늘어나면

단물이 빠져 나간 온 몸이 푸석하다

피어서 화려한 꽃들 지나간 길 아슴하고

끝없이 밀어올린 물관부의 퍼런 상처

가시 박힌 자리마다 골다공증을 앓는다

한때는 눈부시던 리본 노을에 와 펄럭인다

*꽃꽂이 할 때 쓰이는 것으로 흔히 오아시스라 불린다.

정희경 2010 《서정과현실》 등단

대패질하는 여자

조경선

얇은 대팻밥은 깎여나간 속살이다
여자를 켤 때마다 벗겨지는 속울음
앙다문
입술에 묻어
옹이를 달랜다

모서리 둥글어진 걸음은 껍질로 남아
먼 곳에 두고 온 두께를 밀어내면
매끈한
소리 쪽으로
가냘픈 몸 세운다

밀고 당기는 힘겨루기 엇결을 만날 때
원망 섞인 목소리 굳은살로 박힌다
그 안에
결하나 결 둘
피어서도 다 못 볼

조경선 2016 《매일신문》 신춘문예 등단

건조경보

조성국

조카가 백 자 넘는 연하장을 보내왔다

읽다가 목이 말라 '너도' 두 자 보내줬다

한참 뒤 '까똑! 깔끔하네요'

빈 컵을 보내왔다

조성국 2018 《조선일보》 신춘문예 등단

너

조안

연못 위 동그랗게
퍼지는 빗방울이고

유영하는 잉어가
그려내는 파문이야

눈앞에
보이지 않아도
얼비치는 물무늬야

조안 2012 《유심》 등단

노쇼no-show

조한일

단체 손님 맞을 준비 한창이던 식당 주인
약속 시간 삼십 분 전 못 온단 일방 통보
툭 끊은 전화기 너머 울컥하는 저녁놀

예약금도 못 받는 명퇴자 골목 식당
구조조정 회사에서 한때는 살아남고
천하의 아이엠에프도 기어이 견뎠는데

예약 부도 이것이 밟아버린 자존심
테이블 위 수저들이 웅성대며 그를 보네
쇼쇼쇼 사는 게 다 쇼인데 노쇼라니 노쇼라니

조한일 2011 《시조시학》 등단

2호선

최광모

어둠이 어둠을 물고 뱀처럼 흘러간다

곁눈질로 해석하는 오래된 욕망 같은 밀치고 또 껴안아 일렁이는 침묵 같은 몸속에 스며들어 덜컹이는 졸음 같은

익숙한 지하 세계를
말없이 달려간다

환승하지 못한 생각 같은 길 맴돌지만

유리창에 포개진 슬픈 풍경 지워내면

천천히, 지상을 짚은 봄
수신호를 보내고

최광모 2017《중앙신인문학상》등단

늦패랭이

최화수

행여 동백 피었을까 불쑥 찾은 선운사
바람이 이르다며 돌려세운 에움길에
미당의 시비를 읽는 아금바른 풀꽃 좀 봐

길손은 하나같이 지르밟듯 스치고
된서리 휘적거려 초주검에 이르러도
상그란 분홍 눈빛은 또록또록 시를 외다

고 작은 씨방에 빼곡하니 시를 쟁여
어스러진 꽃 대궁을 추스르며 되뇐다
언젠가 이 들녘 온통 시로 물 들일거야

최화수 2011 《시조시학》 등단

자목련의 기도

최형심

꽃잎 다 떨구고 난 키 큰 목련나무
오도카니 한 송이, 하얗게 떨고 있다
하늘 끝 닿을 듯 말 듯 삭지 않을 기다림

몇 몇 해 그리 하였는가 아마도! 아마도!
천만 번 바람 불고 천만 번 두근거렸을
도무지 그녀 앞에서는
입술이 얼어붙는다

최형심 2012 《시조시학》 등단

베다 vs 베다

표문순

상처는 왼쪽 손 검지손가락에서 산다
오래된 집짐승의 울음소리가 기거하며
가끔씩 욱신거리는 통증을 깁고 간다

낫이나 호미가 만든 기하학적 상형문들
꼴*처럼 소를 위해 토끼 위해 무럭무럭
날마다 들판에 머물던 것들에 휴져 산다

곱상한 것에 '좋아요'를 소비하는 젊음들
흔적 없이 고요한 것을 아름답다 말한다면
봉제된 손가락에서 물러나야 할 것이다

사계절 발 벗은 아이들이 생산했던
뭉툭하게 잘 닮은 고향을 생각하며
슬며시 매끄런 손을 주머니에 넣는다

*말이나 소에게 먹이는 풀

표문순 2014 《시조시학》 등단

밤벚꽃

하수미

더 기다릴 수 없어
터뜨린 하얀 꽃잎

하루 밤새 화들짝
달빛도 놀라는데

한 번에 무너져 내릴
이 버거운 환희여

하수미 2019 《시조시학》 등단

빛

허남호

느낄 듯 스쳐가는 그 몸짓 바라본다

망막엔 하늘빛, 산란하는 시계의 끝

정지된 나의 오감은 투명함에 묻히고

가없는 우주와 빛을 담는 내 그릇엔

주름 잡힌 시간에 아스라한 기억들

뭇 생각 깊은 날이면 나마저도 빛이다

허남호 2011 《대구문학》 등단

봄기운

황만성

누군가 야금야금
먹어치운 장작더미

묵묵한 아궁이도 구들장도 말이 없다

그
때
그
온기였을까?
웃고 있는 봄기운

황만성 2015 《시조시학》 등단

사모곡

황삼연

서리에 잎이 질 때도
미소로 가득했지요

병상의 가는 볕살
눈으로 모아 담아

한마디
않으신대도
알 수 있는 떨림입니다

꽃다운 기운들을
아끼지 않으신 게

골배질* 다름 아닌 줄
이제사 사무칩니다

풀리는
삼동길 따라
봄을 부르고 가신 당신

* 나루터에서 얼음이 얼기 시작하거나 풀릴 때, 얼음을 깨고 뱃길을 만들어 배를 건너게 하는 일

황삼연 2009《시조세계》등단

냄새로 트다
– 미용실에서

황외순

머리칼에 배어 있는 각양각색 냄새는
말보다 더 간략한 구체적인 언어죠
성큼한 손가락 빗질 소통을 시작해요

커트를 시작하면 업종까지 만져져요
고기 냄새 페인트 냄새 확연한 차이라서
거리를 한 뼘 당기죠 한 계절로 꽃이 피듯

벌름대던 시간도 거울 앞에 숙어지고
한순간의 무장해제 일상마저 트게 되면
알뜰한 맹서를 해주는 어느새 단골손님

황외순 2012《동아일보》신춘문예 등단

이 도서의 국립중앙도서관 출판예정도서목록(CIP)은 서지정보유통지원 시스템 홈페이지
(http://seoji.nl.go.kr)와 국가자료종합목록 구축시스템 (http://kolis-net.nl.go.kr)에서
이용하실 수 있습니다.
(CIP제어번호 : CIP2019023855)

정음시조

2019년 제1호

2019년 6월 29일 초판 1쇄 발행

발행인 | 이정환
발행처 | 정음시조문학상 운영위원회
편집위원 | 박명숙 조명선 유해자 손상철 김미정
편　집 | 이숙경 이현정

펴낸곳 | 도서출판 작가
펴낸이 | 孫貞順
(03756) 서울 서대문구 북아현로6길 50
전화 | 02)365-8111~2　팩스 | 02)365-8110
이메일 | morebook@naver.com
홈페이지 | www.morebook.co.kr
등록번호 | 제13-630호(2000. 2. 9.)

ISBN 978-89-94815-97-8 (03810)

값 10,000원